GUIDE DES CANDIDATS

AUX EMPLOIS DE

COMMISSAIRE DE POLICE

DE

COMMISSAIRE OU D'INSPECTEUR SPÉCIAL

DE LA POLICE DES CHEMINS DE FER

CONFORME AUX INSTRUCTIONS CONTENUES
DANS L'ARRÊTÉ MINISTÉRIEL DU 15 SEPTEMBRE 1901

7ᵉ ÉDITION

PARIS

Henri CHARLES-LAVAUZELLE

Éditeur militaire

10, Rue Danton. Boulevard Saint-Germain, 118

(MÊME MAISON A LIMOGES)

1902

GUIDE DES CANDIDATS

AUX EMPLOIS DE

COMMISSAIRE DE POLICE

DE

COMMISSAIRE OU D'INSPECTEUR SPÉCIAL

DE LA POLICE DES CHEMINS DE FER

CONFORME AUX INSTRUCTIONS CONTENUES
DANS L'ARRÊTÉ MINISTÉRIEL DU 15 SEPTEMBRE 1901

7ᵉ ÉDITION

PARIS

Henri CHARLES-LAVAUZELLE

Éditeur militaire

10, Rue Danton, Boulevard Saint-Germain, 118

(MÊME MAISON A LIMOGES)

1902

GUIDE DES CANDIDATS

AUX EMPLOIS DE

COMMISSAIRE DE POLICE

DE

COMMISSAIRE OU D'INSPECTEUR SPÉCIAL

DE LA POLICE DES CHEMINS DE FER

*Conforme aux Instructions contenues
dans l'Arrêté ministériel du 15 septembre 1901.*

---

§ I.

Conditions générales exigées des candidats.

Nul ne peut être appelé aux fonctions de commissaire de police, de commissaire, de commissaire adjoint ou d'inspecteur spécial de la police des chemins de fer s'il n'a été porté sur une liste d'admissibilité dressée par le Ministre de l'intérieur, à la suite d'un concours, conformément aux dispositions du présent arrêté.

Sont dispensés du concours les seuls candidats munis du diplôme de licencié en droit.

Les sous-officiers des armées de terre ou de mer qui se trouvent dans les conditions prescrites par la loi du 18 mars 1889, pour obtenir des emplois civils, continueront à subir l'examen, suivant le mode déterminé par le décret du 28 octobre 1874, portant règlement d'administation publique (1).

Les candidats ne pourront se présenter au concours ni avant 25 ans, ni après 30 ans.

Cette dernière limite sera reculée d'autant d'années que les candidats compteront d'années de services, civils ou militaires, déjà admissibles pour une pension de retraite dans les conditions prévues par la loi du 9 juin 1853.

---

(1) *Loi du 18 mars 1889, relative au rengagement des sous-officiers,* modifiée par les lois des 6 janvier 1892, 25 juillet 1893, 13 juillet 1894 et 6 février 1897. (9º édition, 1902, annotée. — In-8º, 136 p., 1 franc. (Henri Charles-Lavauzelle, éditeur.)

MINISTÈRE DE LA GUERRE. — *Emplois civils* (édition mise à jour des textes en vigueur jusqu'en février 1902). — In-8º, 232 p., cart., 2 francs. (Henri Charles-Lavauzelle, éditeur.)

Décret du 4 juillet 1890, portant règlement d'administration publique et relatif aux emplois réservés aux anciens sous-officiers des armées de terre et de mer (2º édition). — In-8º, 32 p., 0 fr. 30. (Henri Charles-Lavauzelle, éditeur.)

Décret du 29 mai 1902, relatif aux emplois réservés aux anciens militaires gradés comptant au moins cinq ans de services. Tableau des emplois joint au décret (1ʳᵉ édition). — In-8º, 32 p., 0 fr. 30. (Henri Charles-Lavauzelle, éditeur.)

Lois et décisions concernant les sous-officiers, caporaux, brigadiers et soldats rengagés ou commissionnés (5º édition, annotée). — In-8º, 384 p., 3 francs. (Henri Charles-Lavauzelle, éditeur.)

Dans tous les cas, nul ne pourra se présenter s'il a dépassé l'âge de 40 ans au 1ᵉʳ janvier de l'année du concours.

§ 2

Pièces à produire.

Les candidats devront adresser au Ministre de l'intérieur (Direction de la Sûreté générale), avant le 1ᵉʳ décembre :

1° Une demande d'emploi, sur papier timbré, dans laquelle ils indiqueront s'ils connaissent une ou plusieurs langues étrangères;

2° Une expédition authentique de leur acte de naissance, sur papier timbré;

3° Un certificat de moralité, délivré par le maire de la résidence et dûment légalisé;

4° Un extrait du casier judiciaire n'ayant pas plus d'un mois de date ;

5° Un certificat de médecin, dûment légalisé, constatant que les candidats sont de bonne constitution et exempts de toute infirmité les rendant impropres à un service actif ;

6° Un état signalétique indiquant la durée et le détail des services militaires, délivré par l'autorité compétente ;

7° Un état des services civils, *admissibles pour la retraite*, délivré par l'administration ou par les administrations compétentes ;

8° Un état, certifié exact, des services civils non admissibles pour la retraite ;

9° Diplômes, certificats ou attestations d'études qui auraient pu leur être délivrés, ou copies de ces pièces dûment certifiées.

§ 3.

Réunion et composition des centres d'examen.

Chaque préfet arrêtera pour son département, d'après l'avis du Ministre de l'intérieur, la liste des candidats ; il avisera ceux-ci en temps utile de la date fixée pour l'examen écrit.

Dans le département de la Seine, le préfet de police sera chargé de dresser la liste des candidats et de leur donner l'avis dont il s'agit.

Le concours est divisé en deux parties : l'épreuve écrite et l'épreuve orale.

L'épreuve orale est publique.

Le candidat ne peut être admis aux épreuves orales que s'il a subi avec succès les épreuves écrites.

Les épreuves écrites auront lieu chaque année, à Paris, au ministère de l'intérieur, et au chef-lieu de département, à l'hôtel de la préfecture, pour la France et l'Algérie. Elles auront lieu à la résidence générale, à Tunis, pour les candidats de la Tunisie.

Les épreuves orales auront lieu ensuite, à des dates qui seront portées en temps utile à la connaissance des candidats déclarés admissibles.

§ 4.

Dispositions relatives au concours à subir.

Nul ne peut être admis plus de trois fois aux épreuves du concours.

Pour être admis à subir une deuxième ou une troisième épreuve, tout candidat devra adresser au Ministre de l'intérieur, avant le 1er décembre, une nouvelle demande, dans laquelle il indiquera la date et le lieu où il aura passé son dernier concours.

§ 5.

Programme du concours.

Le concours porte sur les matières suivantes :

1° *Epreuve écrite.*

Rédaction d'un procès-verbal ou d'un rapport sur une affaire de service rentrant dans les matières énumérées aux paragraphes III, IV, V et VI du programme des épreuves orales.

Le sujet de la composition sera le même

pour tous les candidats ; il sera choisi par le directeur de la Sûreté générale et envoyé sous pli cacheté à MM. les préfets pour le jour même de l'épreuve. *Il devra être traité en trois heures, sans le concours d'aucune espèce de livre.*

Le préfet déléguera le secrétaire général de la préfecture ou un conseiller de préfecture pour dicter le sujet de la composition et surveiller le travail des candidats. Le pli cacheté contenant le sujet de la composition sera ouvert par ce fonctionnaire délégué, en présence des candidats, au moment fixé pour l'épreuve.

Ce fonctionnaire dressera un procès-verbal de l'épreuve, et le remettra, avec les compositions, au préfet, qui enverra ces pièces, le jour même de cette épreuve, au ministère de l'intérieur (direction de la Sûreté générale).

A Paris, les candidats seront surveillés par un ou plusieurs fonctionnaires désignés par M. le directeur de la Sûreté générale.

Les candidats qui auront déclaré connaître une ou plusieurs langues étrangères seront tenus de faire, le même jour et dans la même séance, un thème relatif à la langue ou aux langues étrangères indiquées. *Une demi-heure sera accordée pour chaque langue. Les candidats ne pourront se servir d'aucun livre, dictionnaire ou grammaire.*

Quatre notes sont données pour l'épreuve écrite.

Elles sont multipliées par les coefficients suivants :

1° Pour l'écriture...................................... 1
2° Pour l'orthographe (1)..................... 2
3° Pour la rédaction. 4

Pour les langues étrangères :

Anglais et allemand. 1
. Autres langues. 1/2

2° *Epreuve orale.*

I. — Arithmétique (2) : numération décimale, addition, soustraction, multiplication, division. Preuve de ces opérations. Nombres décimaux, fractions. Système légal des poids et mesures.

Coefficient. 2

---

(1) *Grammaire et composition française.* — In-18 de 324 pages, 2 fr. (Henri Charles-Lavauzelle, éditeur).

Nouvelle grammaire française, avec nombreux exercices d'orthographe, de syntaxe et de ponctuation, par Noël et Chapsal. — In-8° de 220 p.. cartonné, 1 fr. 50. (Henri Charles-Lavauzelle, éditeur.)

(2) *Arithmétique et système métrique.* — In-18 de 230 p., 1 fr. 60. (Henri Charles-Lavauzelle, éditeur.)

Cours d'arithmétique. — In-18 de 82 p., 1 fr. 50. (Henri Charles-Lavauzelle, éditeur.)

II. — Histoire et géographie (1) : notions sommaires d'histoire de France. Géographie physique de la France. Frontières maritimes et continentales, chaînes de montagnes, bas-

---

(1) *Histoire militaire*. — Cours préparatoire du ministère de la guerre, avec 12 cartes en couleurs. — In-18, 246 p., 4 fr. 50. (H. Charles-Lavauzelle, éditeur.)

Etude sommaire des campagnes d'un siècle, par le capitaine Ch. Romagny, professeur de tactique et d'histoire à l'Ecole militaire d'infanterie.

Campagne de 1792-1795. — Un vol. (4 cartes).
— 1796-1797. — Un vol. (5 cartes).
— 1800. — Un volume (4 cartes).
— 1805. — Un volume (2 cartes).
— 1806. — Un volume (3 cartes).
— 1809. — Un volume (3 cartes).
— 1812. — Un volume (5 cartes).
— 1813. — Un volume (4 cartes).
— 1814. — Un volume (1 carte).
— 1815. — Un volume (1 carte).
— *Crimée*. — Un vol. (3 cartes).
— 1859. — Un volume (1 carte).
— 1866. — Un volume (4 cartes).

Campagne de 1877-78. — Un volume (3 cartes).
— *d'Algérie*. — Un vol. (1 carte).
— *Tunisie, Soudan, Sénégal, Daho-mey, Congo*. — Un volume (4 cartes).
— *d'Indo-Chine et de Madagascar*. — Un volume (3 cartes).

Guerres secondaires du règne de Napoléon III. — Un volume (3 cartes).

Guerre de 1870-71. — Quatre vol. (30 cartes).

Vingt-deux volumes in-32, brochés, l'un, 0 fr. 50; reliés pleine toile, 0 fr. 75. (H. Charles-Lavauzelle, éditeur.)

sins, fleuves, rivières et lacs. Départements, chefs-lieux, villes principales, réseaux de chemins de fer.

Coefficient. 1

Memento chronologique de l'histoire militaire de la France, par le capitaine Ch. Romagny, professeur de tactique et d'histoire à l'Ecole militaire d'infanterie. — In-18, 316 p., 4 francs. (H. Charles-Lavauzelle, éditeur.)

Tableaux d'histoire à l'usage des sous-officiers candidats aux écoles militaires de Saint-Maixent, Saumur, Versailles et Vincennes; par Noël Lacolle, lieutenant d'infanterie, officier d'académie. — In-18 de 144 pages, 2 fr. 50. (Henri Charles-Lavauzelle, éditeur.)

Histoire militaire de la France, depuis les origines jusqu'en 1871, par Emile Simond, capitaine au 28e de ligne. — Quatre volumes in-32, brochés, l'un 0 fr. 50 ; reliés toile anglaise, l'un 0 fr. 75. (Henri Charles-Lavauzelle, éditeur.)

Précis historique des campagnes modernes. Ouvrage accompagné de 37 cartes du théâtre des opérations, à l'usage de MM. les candidats aux diverses écoles militaires (2e édition). — In-18, 232 p., 3 fr. 50. (Henri Charles-Lavauzelle, éditeur.)

Géographie, avec 14 cartes. — In-18, 174 p., 3 francs. (Henri Charles-Lavauzelle, éditeur.)

Le monde moins la France (Atlas de géographie moderne), par G. Pauly et R. Haussermann, contenant 38 cartes en chromolithographie, 7 couleurs ; le texte est en regard de chacune des cartes. — In-4º, cart., 2 fr. 10.

La France et ses colonies (Atlas de géographie moderne) par G. Pauly et R. Haussermann (nouvelle édition), contenant 67 cartes en chromolithographie. — In-4º, cart., 3 fr. 15.

III. — Notions de droit pénal (1) : du délit en général. Définitions et distinctions des crimes, délits et contraventions. Tentatives et

---

Atlas universel de géographie moderne, par G. Pauly et R. Haussermann, contenant 120 cartes en chromolithographie, 7 couleurs. — In-4º, cart., 6 francs.

(1) *Nouveaux Codes français et lois usuelles civiles et militaires.* Recueil spécialement destiné à l'armée (13ᵉ mille). — In-32 de 1100 pages, relié toile anglaise, 5 francs. (H. Charles-Lavauzelle, éditeur.)

Recueil de la jurisprudence, par E. Corsin, commandant de gendarmerie, officier d'académie. — In-8º de 400 pages, relié pleine toile, 3 francs, (Henri Charles-Lavauzelle, éditeur.)

Guide formulaire contenant plus de 40 formules de procès-verbaux appropriés à toutes les circonstances et répondant à tous les besoins, par Etienne Meynieux, docteur en droit, procureur de la République à Limoges (12ᵉ mille). — In-8º de 550 pages, relié pleine toile, 6 francs. (Henri Charles-Lavauzelle, éditeur.)

MINISTÈRE DE LA GUERRE. — *Code de justice militaire pour l'armée de terre* (9 juin 1857) (édition officielle mise à jour des textes en vigueur jusqu'au 1ᵉʳ novembre 1900). — In-8º, 184 p., avec annexes, formules et modèles, br., 1 fr. 50; relié, 2 fr. 25.

Code manuel de justice militaire pour l'armée de terre (3ᵉ édition). — In-32 de 416, p., cart. 2 francs; relié, 2 fr. 50.

La police judiciaire militaire en temps de paix et en temps de guerre, par Emile Loyer, colonel de gendarmerie (2ᵉ édition). — In-32, 340 p., cart. 2 francs.

commencement d'exécution. Des peines en matière criminelle et correctionnelle et de leurs effets. Notions sur la culpabilité et la non-culpabilité. Eléments constitutifs du délit. Circonstances aggravantes. Excuses. Circonstantes atténuantes. Complicité. Connexité. Auteurs. Co-auteurs. Complices. Des faux commis dans les passeports, feuilles de route et certificats. De la corruption des fonctionnaires publics. Des abus d'autorité contre les particuliers. Rébellion, outrages et violences contre les dépositaires de l'autorité et la force publique. Dégradations des monuments. Vagabondage et mendicité. Délits commis par voie d'écrits, images et gravures. Meurtres. Menaces. Blessures et coups volontaires ou involontaires. Attentats aux mœurs. Arrestations illégales. Faux témoignage. Calomnies. Injures. Vols. Escroqueries. Abus de confiance. Peines de police.

Coefficient. 3

Guide-mémoire pour la *constatation des crimes et délits*, par Iverlet, commissaire de police. — In-18, 648 p., 7 fr. 50.

Vade-mecum à l'usage *des commissaires de police et inspecteurs spéciaux, des commissaires de police, des officiers et chefs de brigade de gendarmerie et de tous les représentants de l'autorité*, par A.-H. Heym, commissaire de police. — In-18, 110 p., 2 francs.

Principes de droit criminel, administratif et de médecine légale, par F. Pellegry, capitaine de gendarmerie. — In-18, 192 p., 4 grav., 2 francs.

IV. — Notions d'instruction criminelle : Action publique et action civile. Délits commis sur le territoire et hors du territoire. Police judiciaire. Officiers de police judiciaire. Moyens d'information. Procès-verbaux. Constatations. Instructions dans les cas ordinaires, dans les cas de crimes ou de délits flagrants. Attributions et devoirs des commissaires de police. Notions générales sur l'organisation et la composition des juridictions pénales.

Coefficient. 3

V. — Loi du 15 juillet 1845 sur la police des chemins de fer. Ordonnance du 15 novembre 1846 et décret du 1er mars 1901 (*Journal officiel* du 23 août 1901) sur la police, la sûreté et l'exploitation des chemins de fer. Décret du 22 février 1855 sur l'organisation de la police spéciale des chemins de fer. Organisation actuelle du contrôle de l'Etat. Attributions des différents fonctionnaires du contrôle.

Coefficient. 3

VI. — Loi municipale du 5 avril 1884, notamment les articles 91 à 109. Notions sur les attributions des fonctionnaires judiciaires, administratifs et militaires.

Loi du 30 juin 1881 sur les réunions publiques ;

Lois du 29 juillet 1881 et du 12 décembre 1893 sur la presse ;

Loi du 18 décembre 1893 sur les associations de malfaiteurs ;

Lois du 19 juin 1871 et du 18 décembre 1893 sur les explosifs ;

Loi du 28 juillet 1894 sur les menées anarchistes ;

Loi du 23 janvier 1873 sur l'ivresse publique ;

Loi du 21 mars 1884 sur les syndicats professionnels ;

Loi du 25 mai 1864 modifiant les articles 414, 415 et 416 du Code pénal sur les coalitions;

Loi du 7 juin 1848 sur les attroupements ;

Articles 291 à 294 inclus du Code pénal et loi du 10 avril 1834 sur les associations. Loi du 1er juillet 1901 et décrets du 16 août 1901 ;

Articles 410 et 471 (n° 5) du Code pénal sur les jeux ;

Décret du 2 octobre 1888 et loi du 8 août 1893 sur le séjour des étrangers en France ;

Loi du 18 avril 1886 sur l'espionnage.

Coefficient.   3

VII. — Langues étrangères...

Coefficient :

Anglais et allemand.   1
Autres langues. 1/2

§ 6.

Valeur des notes attribuées à chaque épreuve.

Afin d'arriver à une appréciation exacte du mérite relatif des candidats, il est attribué à chacune des parties des épreuves écrites et orales une note exprimée par des chiffres qui varient de 0 à 20 et qui ont respectivement la signification ci-après :

0 à 5.....................	Médiocrement.
5 à 11....................	Passablement.
12, 13, 14...............	Assez bien.
15, 16, 17...............	Bien.
18, 19...................	Très bien.
20.......................	Parfaitement.

Chacune de ces notes est multipliée par les nombres coefficients exprimant la valeur relative de la partie du programme à laquelle elle se rapporte.

La somme de ces produits forme le total des points obtenus pour l'ensemble des épreuves.

Bénéficieront de 40 points les candidats qui se présenteront au concours en justifiant qu'ils ont accompli *deux ans au moins de bons services* comme secrétaires ou secrétaires suppléants dans un commissariat de police municipale ou de police spéciale.

Bénéficieront aussi de 10 points les candidats justifiant devant la commission d'examen qu'ils ont des notions générales sur les procédés d' « Identification anthropométrique », système Bertillon (1) :

Signalement anthropométrique (procédés de mensuration) ;

Signalement descriptif ou « portrait parlé ».

---

(1) Ces procédés sont exposés dans les *Instructions signalétiques*, par Alphonse Bertillon.

§ 7.

Centres d'examen.

Une commission supérieure est instituée au ministère de l'intérieur pour la correction de l'épreuve écrite. Les membres de cette commission sont désignés par le Ministre. Ils dressent la liste des candidats à admettre aux épreuves orales.

Les commissions d'examen pour les épreuves orales seront composées à Paris et dans les centres désignés à l'article suivant :

D'un délégué du directeur de la Sûreté générale, président ;

D'un conseiller de préfecture, délégué par le préfet ;

Du procureur de la République ou de son susbtitut ;

De l'inspecteur d'académie ou d'un inspecteur primaire ;

D'un ou de plusieurs professeurs de langues étrangères.

La commission désignera son secrétaire.

Les préfets des départements feront désigner et convoqueront, en temps utile, les membres de la commission.

Des commissions pour les examens oraux seront constituées dans les villes ci-après désignées :

A Lille, pour les départements du Nord,

du Pas-de-Calais, de la Somme, de l'Aisne et des Ardennes ;

A Nancy, pour les départements de Meurthe-et-Moselle, de la Meuse, des Vosges et de la Marne ;

A Dijon, pour les départements de la Côte-d'Or, du Doubs, de la Haute-Saône, du Jura, du Haut-Rhin, de Saône-et-Loire, de la Nièvre, de l'Yonne, de l'Aube et de la Haute-Marne ;

A Grenoble, pour les départements de l'Isère, de la Drôme, des Hautes-Alpes, de l'Ardèche, de la Loire, du Rhône, de l'Ain, de la Savoie et de la Haute-Savoie ;

A Marseille, pour les départements des Bouches-du-Rhône, du Var, des Alpes-Maritimes, des Basses-Alpes, de Vaucluse, du Gard, de l'Hérault et de la Corse, et pour l'Algérie et la Tunisie ;

A Toulouse, pour les départements de la Haute-Garonne, de l'Ariège, du Tarn, de Tarn-et-Garonne, des Pyrénées-Orientales, des Hautes-Pyrénées, du Gers, de l'Aveyron, du Lot et de l'Aude;

A Bordeaux, pour les départements de la Gironde, de la Dordogne, de Lot-et-Garonne, des Landes et des Basses-Pyrénées ;

A Poitiers, pour les départements de la Vienne, de la Haute-Vienne, des Deux-Sèvres, de la Vendée, de la Charente, de la Charente-Inférieure, d'Indre-et-Loire, de l'Indre, du Cher et du Loir-et-Cher ;

A Rennes, pour les départements d'Ille-et-Vilaine, de la Loire-Inférieure, du Morbihan, du Finistère, des Côtes-du-Nord, de Maine-et-Loire et de la Mayenne ;

A Caen, pour les départements du Calvados, de l'Orne, de la Manche, de la Sarthe, de la Seine-Inférieure et de l'Eure ;

A Paris, pour les départements de la Seine, de Seine-et-Oise, d'Eure-et-Loir, de Seine-et-Marne, du Loiret et de l'Oise ;

A Clermont-Ferrand, pour les départements du Puy-de-Dôme, de l'Allier, du Cantal, de la Haute-Loire, de la Corrèze, de la Creuse et de la Lozère.

§ 8.

Dispositions diverses.

Immédiatement après les épreuves orales, le préfet enverra au ministère de l'intérieur (direction de la Sûreté générale), accompagnés du procès-verbal de cette opération, des tableaux individuels constatant le résultat de ces épreuves.

Une copie du procès-verbal sera déposée aux archives de la préfecture où siégera la commission.

Le Ministre de l'intérieur arrêtera une liste d'admissibilité aux emplois de commissaire de police, de commissaire, de commissaire adjoint et d'inspecteur spécial de police sur les chemins de fer.

Le nombre des candidats définitivement déclarés admissibles sera fixé d'après les besoins du recrutement.

Les candidats admis ou non seront avisés de la décision prise à leur égard.

§ 9

Stage.

Les candidats classés reçoivent après l'examen une éducation professionnelle. Avant d'être nommés, ils font un stage de dix-huit mois comme inspecteurs ou secrétaires dans les commissariats des grandes villes de province. Ils suivent les commissaires locaux dans leurs opérations, les assistant et s'initiant en même temps eux-mêmes à la pratique du métier. Des leçons théoriques sur la police administrative et judiciaire leur sont faites.

Après avoir fait leur stage, ils sont, suivant les besoins du service et leurs aptitudes, nommés commissaires, après avoir, toutefois, satisfait à un nouvel examen.